AF469971

GUIDE

DES CHEFS DE SOCIÉTÉS CHORALES,

DES MAITRES DE MUSIQUE DANS LES MAISONS D'ÉDUCATION,

Dans les Établissements industriels ou les Régiments,

ET DES DIRECTEURS DE TOUTE ESPÉCE DE CHANT D'ENSEMBLE;

par

B. C. FAUCONIER,

MEMBRE DE L'ACADÉMIE DE Sᵗᵉ-CÉCILE DE ROME.

L'ouvrage complet,
net : 8 francs.

Divisé en 2 livres, chaque
net : 5 francs.

BRUXELLES. **J. MEYNNE,** 4, RUE Sᵗ-JEAN.

PROPRIÉTÉ DE L'ÉDITEUR POUR TOUS LES PAYS. — *Déposé, Mai 1858.*

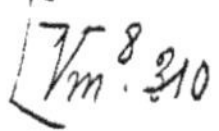

GUIDE DES CHEFS DE SOCIÉTÉS DE CHOEURS, ETC.

PRÉFACE.

Je crois publier quelque chose d'utile en faisant paraître cet opuscule qui présente surtout de grands avantages pour les localités de second et de troisième ordre, dans lesquelles ceux qui sont appelés à organiser et à diriger des sections de chœurs doivent parfois se trouver embarrassés pour savoir quelle est la marche à suivre.

Je me disais, il y a quelques années déjà, quand il semblait que Symphonie, Harmonie, tout genre d'ensemble musical enfin, devait être détroné par cette éruption de chœurs, soufflée par le cratère allemand, je me disais : c'est beau, c'est même très-beau! mais cet enthousiasme quoique pleinement justifié par le mérite des succès obtenus en ce moment ne peut durer à cet état d'engouement! — Et pourquoi? — parcequ'il en est exactement des chœurs (sans accompagnement) comme de la Harpe, comme du Cor anglais ; en effet, rien de divin, d'angélique et d'aërien comme les premiers arpèges de la harpe! rien de touchant, de mélancolique et de pastoral comme la première phrase du cor anglais! rien également d'imposant, de sublime et de saisissant comme les premiers accords formés par l'instrument de la nature : la voix! — Mais de ces grands effets il est important d'user et non d'abuser; il faut prudemment éviter l'écueil qui n'est jamais loin : la satiété.

Je ne pense pas m'être trompé; mais est-ce à dire que ce genre d'exécution musicale soit passé de la vogue à la décadence? oh! non — c'est, et ce sera toujours quelque chose qui charme et qui captive, mais qui, apprécié plus sainement, prend une place digne et convenable au milieu des combinaisons symphoniques et harmoniques pour y figurer avec succès, si on ménage ses trésors avec intelligence.

Je conclus donc qu'aujourd'hui l'engouement n'existe déjà plus, mais qu'il a fait place à la bonne et véritable appréciation. Les chœurs de voix seules bien interprétés produisent et produiront toujours des effets charmants et inimitables, mais leurs ressources n'étant pas infinies comme celles de la symphonie, de l'harmonie, d'un violon, d'un violoncelle, etc., on reconnait qu'il faut les produire avec discernement.

Choix de la Méthode d'enseignement.

Plusieurs manières sont en vogue pour former une société de chœurs, mais il ne peut logiquement exister qu'une seule bonne méthode pour arriver à ce but, et c'est, sans nul doute, celle qui se base sur les principes théoriques et raisonnés de la Musique.

Voici d'abord un système dont j'ai été à même d'apprécier plusieurs fois les défauts, avant, pendant et après le travail :

La première fois qu'on se réunit pour mettre un chœur à l'étude, le chef en distribue les parties aux sociétaires dont quelques-uns sont peut-être musiciens, dont beaucoup le sont très-peu, et dont le plus grand nombre ne le sont pas du tout ; puis cette opération terminée il fait répéter ce chœur tant et, tant qu'à la fin (la mémoire de ces messieurs suppléant à l'absence des règles et du raisonnement théorique) ce morceau semble se débrouiller et prendre couleur. En suivant ce procédé, le pauvre Directeur en est quitte hélas, avant qu'un chœur puisse être convenablement exécuté, pour faire sur ce morceau au moins dix répétitions, pendant chacune desquelles on le redit 5 à 6 fois, sans compter les leçons partielles employées à seriner chacune des parties séparément. Ce système est évidemment absurde; en effet, que signifient ces pages de musique entre les mains de personnes sachant à peine leurs notes et ignorant entièrement les mesures, les intervalles, les valeurs, les silences, les tons, les modes, etc., etc. — Ces papiers énigmatiques, jouent tout bonnement le rôle d'une canne, d'un mouchoir, d'un chapeau ou d'un éventail — ils servent à faciliter une contenance. — Ce qui est plus sérieux ce sont les désagréments principaux de cette manière de travailler : il faut dépenser infiniment de temps (capital précieux) à faire des répétitions très-assidues et très-rapprochées, et ne compter que des sociétaires à imagination souple et complaisante pour arriver à interpréter quelques morceaux qui s'oublient vite, si on se relâche tant soit peu, et qui s'oublient entièrement, à mesure qu'on en serine de nouveaux; donc, le repertoire est toujours plus ou moins restreint et limité. Ensuite (défaut capital) l'exécution est toujours sur le qui vive, étant totalement dépendante de la mémoire et de l'oreille — jamais de complète assurance — toujours du doute et de l'appréhension Il se peut, que j'aie entendu, une société exécuter quelques chœurs avec assez d'ensemble, de goût et de précision malgré ce procédé vicieux, mais c'était le résultat d'un nombre incroyable de répétitions, et puis cette société n'était composée que d'individus remplis de dispositions et de mémoire, et qui en définitive disaient ces quelques morceaux comme des perroquets arrivent à articuler quelques mots : une pareille exception ne fait pas règle.

Un autre système consiste à passer très-rapidement sur les principes préliminaires de la Musique, à exécuter sans analyse quelques morceaux d'ensemble, pour poser au plus vite sur le pupitre un morceau important et difficile.

Cette école se rapproche un peu du système Jacotot (dont je suis loin, toutefois, de vouloir me permettre de critiquer toutes les idées) — elle est défectueuse ici, et ne tarde pas à mettre la Société qui l'applique dans la situation vicieuse que j'ai expliquée dans le système précédent. Il est clair que cette espèce de perfection factice (quand elle existe) n'est obtenue par ce second système qu'en restant dans les brouillards qui n'ont point été dissipés au soleil de la théorie et du raisonnement. Les qualités qui ne sont que superficielles n'échappent pas au bon appréciateur et au véritable connaisseur. Discutant les observations que je faisais à ce sujet, on me dit un jour : mais s'il fallait faire solfier ces Messieurs pendant un an, 18 mois, 2 ans, avant de pouvoir nous constituer en section nous ne pourrions jamais obtenir le résultat desiré avant que l'ennui ne se fût emparé des élèves et n'eut paralysé le zèle le mieux conditionné. C'est là une erreur que je vais essayer de démontrer — d'abord, il ne s'agit pas ici de préparer un enfant ou un tout jeune homme à ces longues et profondes études de Conservatoire qui ont pour but de produire des exécutants hors ligne, qui doivent se poser devant le public en artistes, et en solistes d'un talent transcendant ; il est certain dans ce cas qu'un an, 18 mois, 2 ans, même de solfèges, de théorie et d'analyse, sont loin d'être superflus pour jeter les fondements d'une bonne éducation musicale, soit pour l'art du chant, soit pour l'exécution instrumentale, soit pour la composition.

Mais pour la formation d'un ensemble choral, il y a positivement moyen d'abréger et de résumer, en quelque sorte, les études théoriques. Je vais tenter ce moyen ; puissé-je être assez heureux pour réussir et pour contribuer à une amélioration qui serait la plus douce récompense que j'ambitionne pour le temps que j'ai consacré à cet ouvrage.

Mon système est simple, clair et logique ; mon ouvrage, divisé en deux parties, se réduit à 12 séances.

PREMIÈRE PARTIE.

La 1re. Est consacrée : à l'explication de la Musique, des sons, des notes, de la portée, des clefs, de la gamme, des valeurs, des mesures et à des exercices à une partie.

La 2me. A l'explication des intervalles, des caractères de silence, du point, de la liaison, de la syncope, et à des exercices à une partie.

La 3me. A l'explication de l'accolade, des barres de reprises, et à des exercices progressifs à 2 parties, marchant d'abord par valeurs égales, puis par valeurs inégales.

La 4me. A l'explication des signes altératifs, des tons, des demi-tons, des genres, des mesures simples et composées, du *dacapo*, du renvoi de la barre de reprise qui n'est pas barre de mesure, du *primo* et du *secundo*, (1° et 2°), du point d'orgue, du point d'arrêt, et à des exercices progressifs, à 2 parties.

La 5me. A l'explication des modes, de la note sensible, des dièzes à la clef, des bémols à la clef, et à des exercices progressifs à 2 parties dans tous les tons majeurs et mineurs, avec des dièzes à la clef.

La 6me. A des exercices à 2 parties dans tous les tons majeurs et mineurs, avec les bémols à la clef ; à l'explication des mouvements, des nuances et des notes d'agrément.

DEUXIÈME PARTIE.

La 7me. A 4 exercices progressifs (à 3 parties) suivis d'un 5me résumant les autres.

La 8me. A 4 autres exercices progressifs (à 3 parties) suivi d'un 5me résumant les autres.

La 9me. A 4 autres exercices progressifs (à 3 parties) suivis d'un 5me résumant les autres.

La 10me. A 4 chœurs faciles à 3 parties.

La 11me. A 4 chœurs progressifs à 4 parties.

La 12me. A 4 chœurs progressifs dont les deux derniers avec des soli.

> Exercices établis pour l'application progressive des principes expliqués dans la 1re partie.

Moyen de bien utiliser ce système.

Pour les Sociétés de Chœurs en général, soit dans les établissements industriels, soit dans les régiments, etc., on consacrera une semaine à chacune des douze Séances et pendant ce temps le Chef de Musique expliquera et fera travailler au moins deux fois chacune d'elles ; il arrivera ainsi à former en 3 mois un ensemble établi sur une bonne base et apte à mettre à l'étude les compositions en vogue des meilleurs auteurs.

Pour les Collèges, Maisons d'Éducation, etc., le Maître de Musique consacrera 3 leçons aux explications et au travail de chacune des 12 séances, et arrivera de cette manière à former un bon ensemble dans chaque laps de temps séparant les deux vacances habituelles de l'année, et pourra toujours recommencer un cours après chacune de ces deux vacances.

Du reste inutile d'ajouter que ces dernières explications sont tout à fait facultatives ; je conseille toutefois de s'en écarter le moins possible.

B.-C. FAUCONIER.

2

Les choses principales auxquelles un chef d'ensemble Vocal doit faire attention sont:

1° De bien placer ses chanteurs; généralement les grands de taille derrière les petits selon les parties ou ils se trouvent.

2° De mettre, pour un morceau à 3 parties, la 2me entre la Ire et la 3me si on est rangé en face et en large, ou en demi-cercle, mais de préférer la disposition en trois rangs de face, la Ire Partie en avant, la 2me au centre et la 3me derrière.

3° Si on se met en rond, de se placer au centre de ses chanteurs, dont chaque groupe composant la même partie formera un tiers de cercle, ou préférablement de se placer au centre de ses chanteurs dont le Ier cercle à l'intérieur sera formé par la Ire partie, le second par la 2me et le troisième par la 3me cette disposition est meilleure que la précédente.

4° D'adopter pour les morceaux à 4 Parties une de ces deux dispositions :
I° en face et en large, ou en demi-cercle; les I^{res} et 2mes parties en avant et les 3mes et 4mes derrière; la 3me partie derrière la Ire et la 4me derrière la 2me ou mieux encore un rang par partie, la Ire partie en avant, la 2me au second rang et ainsi de suite.
2° en Rond, également un rang par partie, la Ire formant le premier cercle à l'intérieur , la 2me le second et ainsi de suite; ou bien chaque partie occupant un quart de cercle la Ire entre la seconde et la 3me en face de la 4me

5° S'il y a des Soli, de les faire interpréter par des chanteurs placés d'une manière avantageuse pour qu'ils soient bien entendus par l'auditoire. J'ajouterai qu'on ne peut indiquer les positions à prendre, d'une manière arbitraire, un chef intelligent doit savoir s'arranger d'après les exigences de l'emplacement; seulement, autant que possible il doit prendre la position d'un rang par partie, en face et en large ou en demi-cercle ou en rond.

6° D'avoir sur lui un bon diapason et toujours le même.

7° De bien indiquer l'accord parfait du ton dans lequel se trouve le morceau qu'on va exécuter en donnant la note à chacune des parties qui commencent.

8° De s'attacher à la valeur exacte des notes et des silences, et à la justesse parfaite des sons.

9° D'exiger une prononciation claire et bien appréciable surtout en commençant dans les exercices solfiés.

10° D'empêcher le chanteur de se battre la mesure.

11° De recommander l'immobilité du corps et la plus grande attention sur la mesure et sur le regard du chef.

12. De faire comprendre que la phisionomie du chanteur doit prendre (sans exagération bien entendu) un caractère en rapport avec le genre du morceau.

13. De ne pas faire de tapage avec le pied.

14. Quand la mesure est en souffrance, de la faire retrouver autant que possible par une simple petit coup de diapason sur le pupitre ou par des mouvemens les moins saillans possibles, car les efforts, la crainte, rien de ce qui émane du chef enfin n'échappe à l'auditoire; il doit donc dans l'interêt du morceau chercher à s'effacer en prenant un maintien tour à tour calme, insinuant, chaleureux, sévère même, mais avare de grandes indications qui ne peuvent que dépoétiser l'œuvre qu'on exécute.

15. De ne point chanter en dirigeant, à moins d'y être obligé pour remettre une partie qui s'égare. etc. etc.

I.ʳᵉ SÉANCE.

Sommaire: Musique - Son - Notes - Portée - Clefs - Gamme - Valeurs de notes - Mesures.

La Musique, est l'art des sons. Le Son, est produit par la vibration de l'air. Tous les sons ne sont pas musicaux: la glace qui se brise, la planche qu'on scie, le canon qui tonne, le tonnerre qui gronde ne font entendre que des sons vagues, innappréciables et tout a fait étrangers à la musique; on range ces sons dans la cathégorie des Bruits.

On trouve les sons musicaux dans les vibrations causées par la voix humaine qui est l'instrument de la nature, et dans celles produites par tous les instrumens de musique de l'invention humaine. Il y-a donc le son Vocal et le son Instrumental.

On répresente les sons par des Notes qui sont au nombre de Sept:

Do, Re, Mi, Fa, Sol, La et Si.

Elles s'écrivent sur Cinq lignes horizontales. Exemple. ▬▬▬ dont la réunion se nomme Portée.

Les notes se posent Sur et Entre les lignes, Audessus et Audessous des lignes.

Exemple:

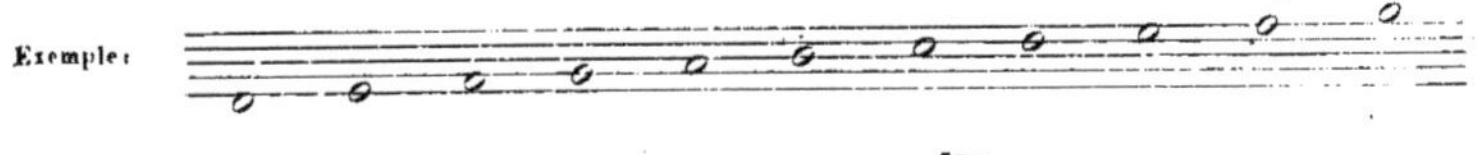

Les Lignes se numerotent de Bas en Haut. Exemple:

Les notes tracées sur une portée n'auraient aucun nom si elles n'étaient précedées d'une Clef.

La Clef est un signe qui se pose en tête et sur une des lignes de la portée. Il y a trois clefs,

1.° la clef de sol 𝄞 2.° la clef d'ut (a) 𝄡 et 3.° la clef de Fa 𝄢.

La Clef de sol se pose sur la 2.ᵐᵉ ligne et donne son nom à la note posée comme elle sur la 2.ᵐᵉ ligne.

Exemple:

En prenant ce Sol pour point de départ, il devient facile de connaître les noms des autres notes:

Exemple:

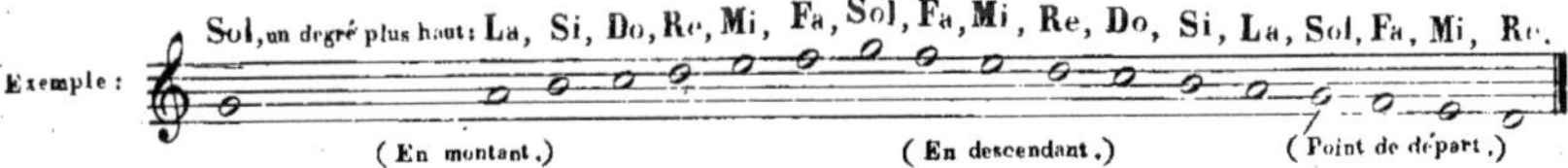

La Clef de Fa se pose sur la 4.ᵐᵉ ligne et donne son nom à la note posée comme elle sur la 4.ᵐᵉ ligne.

Exemple:

En prenant ce Fa pour point de départ, il devient facile de connaitre les noms des autres notes.

Exemple:

(a) La connaissance et l'emploi de cette Clef étant en dehors du but de cet ouvrage, il n'en sera donc pas question.

4

L'étendue de la voix et des instruments, n'étant pas restreinte dans les Onze notes qui trouvent place sur la portée, on se sert souvent de **Lignes additionnelles** qui se tracent audessus et audessous de la portée, apparaissant et disparaissant avec les notes pour la formation et la nomination desquelles elles sont nécessaires.

Exemple.

La Gamme est l'addition des sept notes de la musique augmentée d'une huitième note qui n'est comme **nom** et comme **son** que la répétition de la Ire huit degrés audessus.

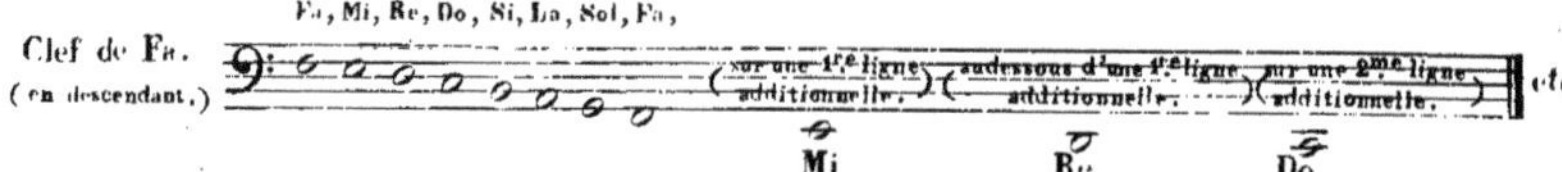

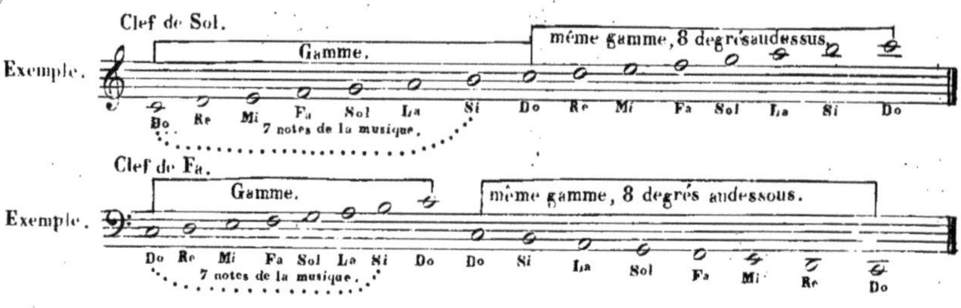

Présentant la même gamme se renouvellant 3 fois et chaque fois de 8 degrés audessus. Remarquez l'effet produit par le changement de Clef: le **Do** qui suit la clef de sol n'est en réalité comme son qu'un degré audessus du **Si** (à la clef de Fa) qui le précède.

Chacune des **Sept** notes peut devenir le point de départ d'une **Gamme**; il y a donc **7** gammes différentes.

M 850 - I.

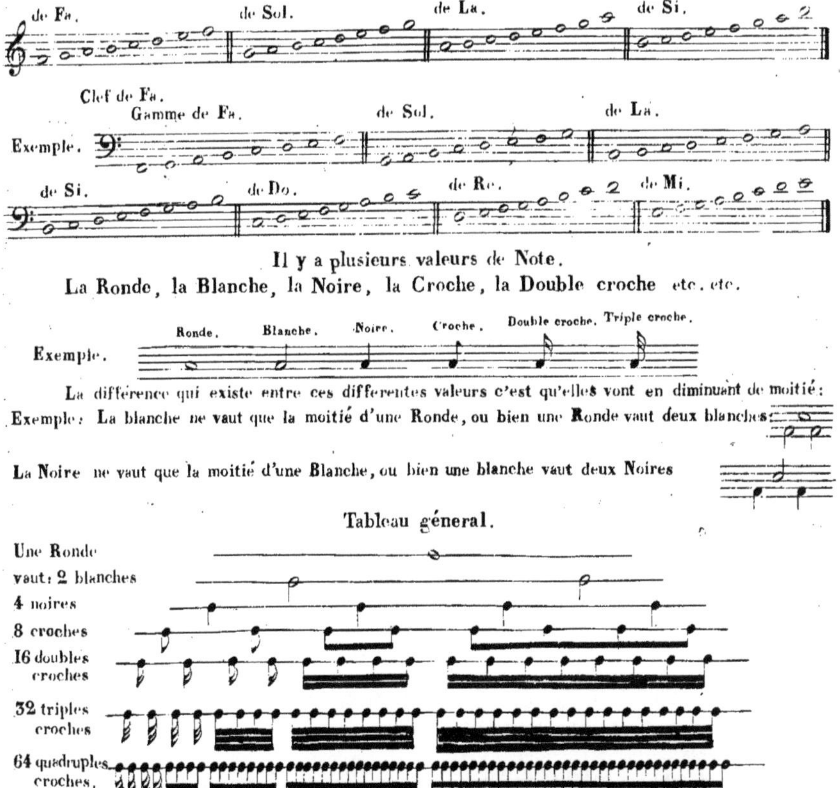

Il y a plusieurs valeurs de Note.

La Ronde, la Blanche, la Noire, la Croche, la Double croche etc. etc.

La différence qui existe entre ces différentes valeurs c'est qu'elles vont en diminuant de moitié :

Exemple : La blanche ne vaut que la moitié d'une Ronde, ou bien une Ronde vaut deux blanches.

La Noire ne vaut que la moitié d'une Blanche, ou bien une blanche vaut deux Noires

Tableau général.

Les queues peuvent se mettre indifféremment audessus ou audessous des notes ; toutefois, lorsque la note est en bas de la portée on met de préference la queue audessus, quand la note se trouve vers l'extremité haute de la portée, on la pose avantageusement en dessous, et cela dans le but de se remfermer le plus possible dans la portée, crainte de géner la notation de la partie supérieure ou inférieure.

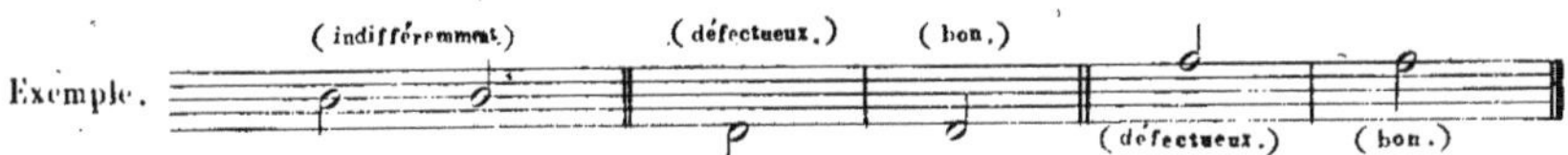

Les notes ayant pris un nom par la Clef, et une valeur par leurs formes, il faut encore pour constituer de la Musique les soumettre à la Mesure.

La **Mesure** est un composé de temps égaux en valeur et en durée.

Un **Temps** est une fraction de mesure, égale aux autres fractions de cette mesure.

Les temps qui régissent la mesure sont placés dans l'espace qui sépare une barre d'une autre barre.

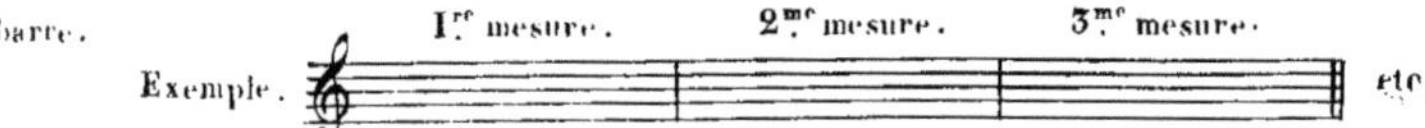

La mesure est indiquée par des **Signes** placés immédiatement après la Clef.

La mesure se bat avec la main droite.

Il y a trois mesures primitives: I.° la mesure à **Quatre temps**,

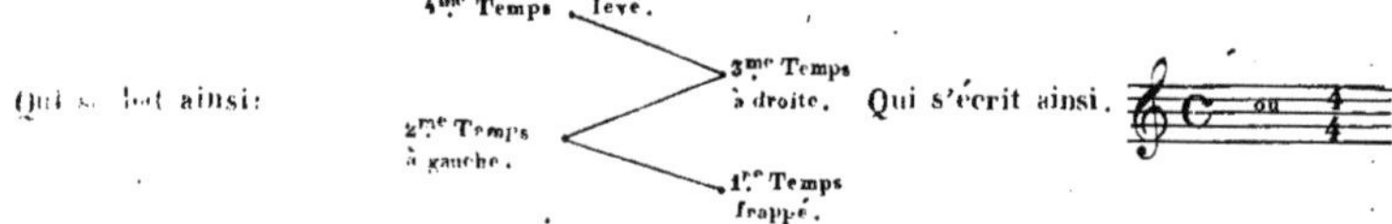

Cette mesure exige la valeur d'une noire à chaque temps (ou d'une ronde pour toute la mesure.)

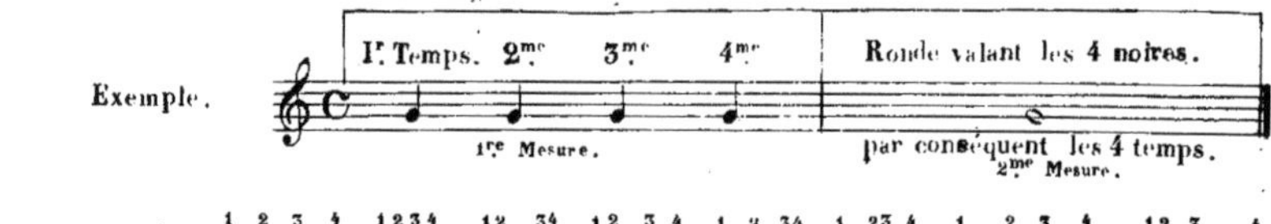

Toutes ces mesures, composées de différentes valeurs, présentent toujours le même résultat, c'est à dire la valeur d'une Ronde, ou de 4 noires pour chacunes d'elles.

Il faut s'attacher à bien prononcer le nom des notes pour faciliter l'émission de la voix et plus tard des paroles; Dans ce but prononcez: t'Do R'Re M'Mi F'Fa S'Sol L'La S'Si. Désserez les dents, écartez les coins de la bouche et ne forcez pas la voix.

Mesure à 4 temps.

Noires et Blanches.
3me Leçon.
Blanches.
4me Leçon.
Rondes.
5me Leçon.
Résumé.
6me Leçon.
2? La mesure à Trois temps.
3me Temps levé.
Qui se bat ainsi:
2me Temps à droite.
Qui s'écrit ainsi:
1er Temps frappé.
3 ou 3/4
Cette mesure exige la valeur d'une noire à chaque temps (ou de 3 noires pour toute la mesure.)
1 2 3 12 3 1 23 1 2 3 1 2 3 1 2 3 1 23 12 3
Exemple:
3 ou 3/4
7me Leçon.
3
8me Leçon.
3
9me Leçon.
3
10me Leçon.
3

On termine cette prémière Séance par une recapitulation, dans le but de s'assurer si les explications sont suffisamment comprises.

Fin de la I.re Séance.
M.850 – I.

2.ᵐᵉ SÉANCE.

Sommaire: Intervalles - Caractères de Silence - Point - Liaison - Syncope.

D'abord, un résumé analytique de la I.ʳᵉ Séance.

On appelle **Intervalle** la distance d'une note à une autre note.

On arrive à attaquer avec assurance et justesse des notes séparées des autres par des grandes distances en se rendant compte mentalement de l'intervalle qui sépare chaque note de celle qui la suit immédiatement.

16

18.me Leçon.

19.me Leçon.

Quartes.

20.me Leçon.

21.me Leçon.

Quintes.

22.me Leçon.

23.me Leçon.

M.850-I.

Sixtes.
24me Leçon.
25me Leçon.
Septièmes.
26me Leçon.
27me Leçon.
28me Leçon.
Octaves.
29me Leçon.
30me Leçon.

Les valeurs de note peuvent être remplacées par des **Caractères de Silence**.

Indépendamment de la valeur réelle, la Pause a une autre valeur, c'est à dire qu'elle est le caractère de silence employé pour exprimer le silence de toute une mésure, qu'elle soit à Deux, à Trois, ou à Quatre temps.

Voici différens caractères de silence par abréviation.

Le Point est un signe qui se place après une note ou après un caractère de silence et qui augmente cette note ou ce silence de la moitié de sa valeur.

Cette manière d'écrire était plus usitée autrefois, aujourd'hui on emploie rarement le point dans une autre mesure que celle ou se trouve la note dont il augmente la valeur.

(a) Le point est peu usité après la Pause et après la demi pause, on se sert de préférence des soupirs et des demi soupirs.

La Liaison est une ligne courbe qui lie 1.° une note à une autre ou à plusieurs autres notes; 2.° une note a une autre même note; Dans le premier cas elle indique qu'il faut enchai_ ner ces deux notes ou ce grouppe de notes sans qu'il y ait entr'elles aucune respiration, aucun vide de son; Dans la seconde acception elle signifie qu'il faut enchainer la seconde note à la pre_ mière en la soutenant toute sa valeur mais sans la redire.

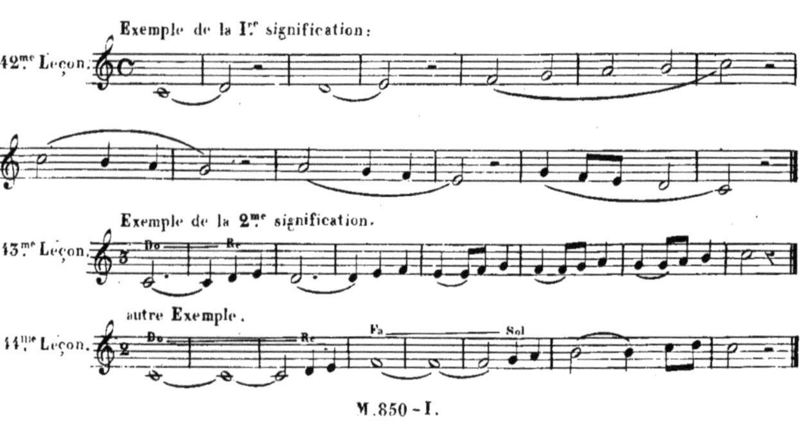

Il y a deux espèces de Temps: les temps forts et les temps faibles.

Exemple: Mesure à Quatre temps.

Mesure à Trois temps.

Mesure à Deux temps.

La **Syncope**, est l'effet produit par un Temps marqué au milieu de la valeur d'une note dont la première moitié part souvent d'un temps faible pour aller vers un temps fort.

Exemple:

La syncope peut être produite par la Liaison. Exemple:

Autre exemple:

La syncope **brisée** est une syncope formée par une liaison et dont la seconde note liée est de moindre valeur que la première.

Exemple:

Exercices pour la Syncope.

La note qui fait syncope demande d'être accentuée, c'est à dire qu'il faut lui donner plus de volume de son qu'à la note qui la précède et qu'à celle qui la suit.

45.ᵐᵉ Leçon.

Fin de la 2.me Séance.

3.me SÉANCE.

Sommaire: Accolade - Reprise - Exercices à deux voix (sur tous les principes expliqués jusqu'ici) marchant ensemble avec des Valeurs égales - Exercices à deux voix marchant par valeurs inégales.

L'Accolade est un trait qui enchaîne une portée à une autre ou à plusieurs autres portées; comme les barres de mesure suivent dans ce cas l'indication donnée par l'Accolade, il s'en suit que toutes les mesures superposées par l'accolade reçoivent leur exécution en même temps.

Exemple:

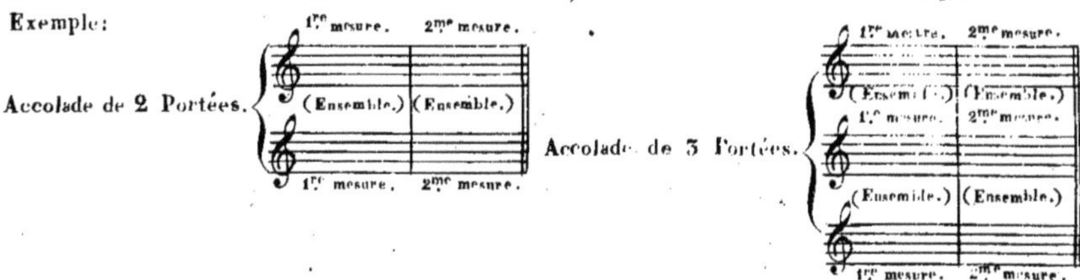

On nomme **Reprise** deux barres perpendiculaires qui indiquent la fin d'une phrase (quand elles servent en même temps de barres de mesure.) Quand la Reprise est accompagnée de points, elle signifie qu'il faut redire tout ce qui est écrit depuis le commencement ou depuis une autre reprise ou se trouvent également des points.

Exemple:

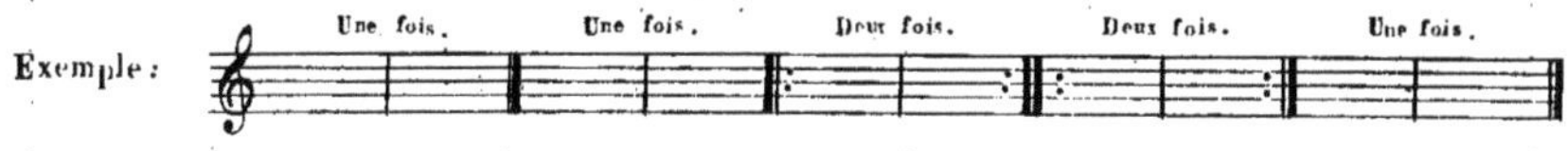

Exercices à deux voix.

Marchant par valeurs égales - Clef de Sol et Clef de Fa. (a)

(a) Faire copier la partie de Basse à la clef de Sol pour les voix de Mezzo soprano et de Contralto.

Tierces.
52.me Leçon.
Quartes.
53.me Leçon.
Quintes.
54.me Leçon.

Sixtes.
55.me Leçon.
Septièmes. (Leçon difficile; la redire plusieurs fois.)
56.me Leçon.

Autres Exercices à Deux voix,
Ne marchant plus ensemble ni par valeurs égales.

Liaisons d'une note à une autre ou à plusieurs autres notes.
61.me Leçon.
Liaisons d'une note à la même note.
62.me Leçon.
Mêmes effets par le Point.
63.me Leçon.
Syncopes.
64.me Leçon.
Liaisons formant syncopes.
65.me Leçon.

92
Liaisons à 4 et à 2 temps.
66.me Leçon.
C et 2
C et 2
Résumé.
67.me Leçon.
C et 2
C et 2
Fin de la 3.me Séance.
M. 850 - I.

4ᵐᵉ SÉANCE.

Sommaire: Signes altératifs - Tons et demi tons - Genres - Signes altératifs accidentels - Exercices sur les signes altératifs - Mesures simples et composées - Da Capo - Renvoi - Barre de reprise qui n'est pas barre de mesure - 1ˢ et 2ᵈ - Point d'orgue et Point d'arrêt.

Un ton signifie la distance qui sépare deux degrés conjoints, soit deux notes qui forment une seconde tout en admettant la possibilité d'un autre son entr'elles.

Un demi-Ton c'est la distance (admissible par l'oreille) la plus rapprochée d'une note à la note la plus voisine.

La Gamme se compose de 5 tons et de 2 demi-tons.

Exemple:

Ce qui veut dire qu'entre Mi et Fa (tierce et quarte) vous n'avez pas de son admissible par l'oreille, ainsi qu'entre Si et Do (septième et octave) tandis qu'entre les autres degrés composés chacun d'un ton, vous avez un autre son possible, un demi ton qui les sépare.

Ces demi tons sont formés par des Signes altératifs qu'on appelle Dièze (♯) et Bémol (♭).

Le Dièze hausse d'un demi ton la note qui le suit immédiatement.

Le Bémol baisse d'un demi ton la note qui le suit immédiatement.

Il existe une autre signe qui n'a pour objet que d'effacer également l'effet produit par les deux autres, c'est le Bécarre (♮).

Les notes non Dièzées et non Bémolisées sont naturelles.

Le Bécarre sert donc à remettre la note dans son ton naturel. (a)

Exemple:

Il y a Trois Genres: le genre Diatonique - le genre Chromatique et le genre Enharmonique.

Gamme naturelle (Diatonique.)

Gamme Chromatique.

On emploie le Bémol en descendant.

(a) Le Bécarre efface aussi l'effet du double dièze X qui hausse la note d'un ton et du double bémol ♭♭ qui la baisse d'un ton.

Le Genre Enharmonique est une mutation de notes sans changement sensible de sons.
Sol ♯ même son que La ♭.

Exemple:

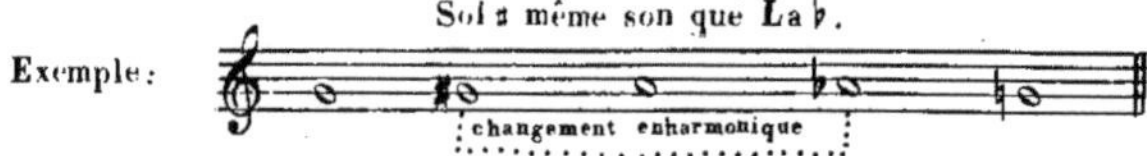

Tableau:

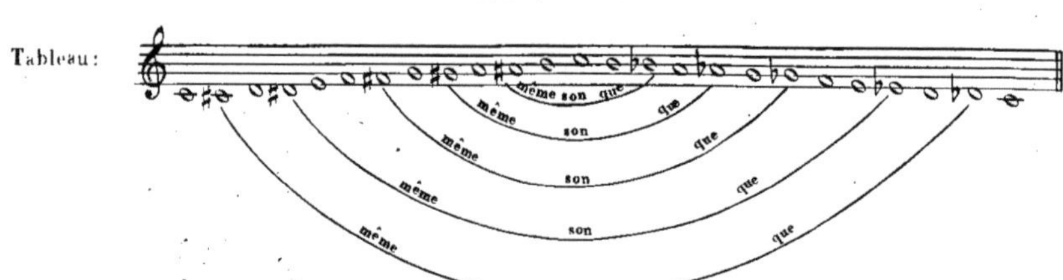

Les Signes altératifs qui se présentent dans le cours d'un morceau se nomment Accidentels. L'effet du signe altératif accidentel ne dure que l'espace d'une mesure en admettant que dans le cours de cette mesure il ne soit pas annulé par un Bécarre; c'est à dire qu'une note étant affectée d'un signe altératif accidentel dans une mesure, toute les autres notes du même nom subissent cette affection sans qu'il soit nécessaire de replacer le signe avant chacune d'elles en supposant tou_ jours qu'il ne soit pas survenu de Bécarre.

Exemple:

Les trois Sols sont dièzés.   Le I.ᵉʳ Sol seul est dièzé.

Pour éviter la moindre indécision, on emploie souvent un signe accidentel alors même qu'il est superflu.

Exemple:

La règle par laquelle le Bémol qui affecte le Mi dans la première mesure n'a d'influence que dans cette mesure rend le bécarre placé avant le Mi de la seconde mesure inutile, cependant si on écrivait ces deux mesures de la manière suivante: l'oreille serait exposée à éprouver quelqu'incertitude.

Exercices pour les Signes altératifs accidentels.

Exercice préparatoire:

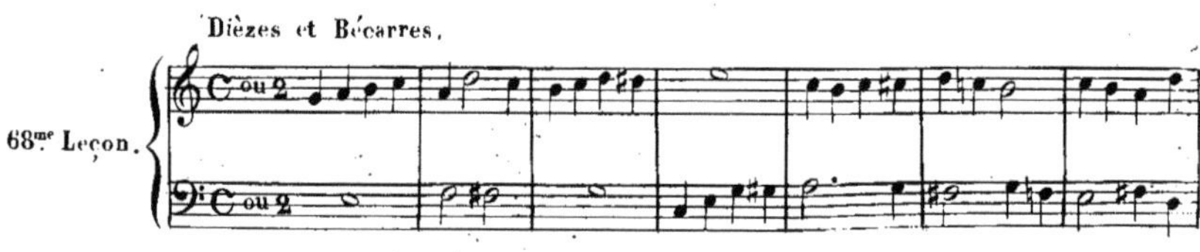

Il y a Trois cathégories de Mesures.
1.° Les mesures Primitives. 2.° Les mesures Simples et 3.° Les mesures Composées.

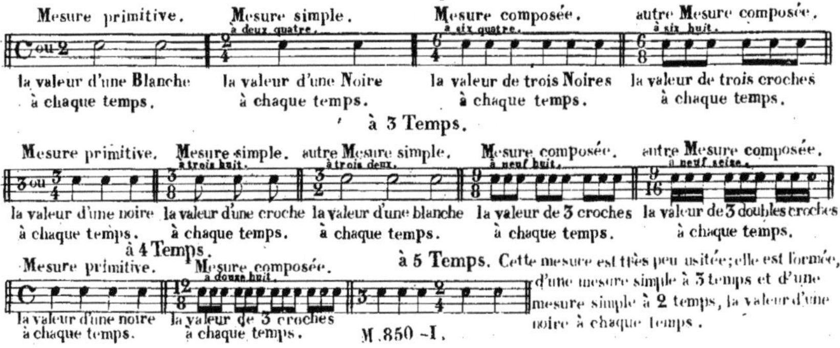

à 2 Temps.

Mesure primitive.	Mesure simple. *à deux quatre.*	Mesure composée. *à six quatre.*	autre Mesure composée. *à six huit.*
C ou 2	2/4	6/4	6/8
la valeur d'une Blanche à chaque temps.	la valeur d'une Noire à chaque temps.	la valeur de trois Noires à chaque temps.	la valeur de trois croches à chaque temps.

à 3 Temps.

Mesure primitive.	Mesure simple. *à trois huit.*	autre Mesure simple. *à trois deux.*	Mesure composée. *à neuf huit.*	autre Mesure composée. *à neuf seize.*
3 ou 3/4	3/8	3/2	9/8	9/16
la valeur d'une noire à chaque temps.	la valeur d'une croche à chaque temps.	la valeur d'une blanche à chaque temps.	la valeur de 3 croches à chaque temps.	la valeur de 3 doubles croches à chaque temps.

à 4 Temps.

Mesure primitive.	Mesure composée. *à douze huit.*
C	12/8
la valeur d'une noire à chaque temps.	la valeur de 3 croches à chaque temps.

à 5 Temps. Cette mesure est très peu usitée; elle est formée, d'une mesure simple à 3 temps et d'une mesure simple à 2 temps, la valeur d'une noire à chaque temps.

3 · · · 2/4 · ·

M.850 ~I.

Mesure à Deux quatre. (mesure simple à 2 temps.)

La valeur d'une noire à chaque temps.

70.me Leçon.

Da Capo (à la tête) ou simplement **D.C.** signifie qu'il faut retourner au commencement du morceau jusqu'au mot Fin.

Mesure à Six huit. (mesure composée à 2 temps.)
la valeur de 3 croches à chaque temps.

71.me Leçon.

Le Da Capo ne renvoie pas toujours à la tête du Morceau; à coté de lui se trouve parfois un Signe qui renvoie à un signe de même forme qui se trouve au commencement ou dans le corps du morceau.

Mesure à Six quatre. (autre mesure à 2 temps.)
La valeur de 3 noires pour chaque temps.

72.me Leçon.

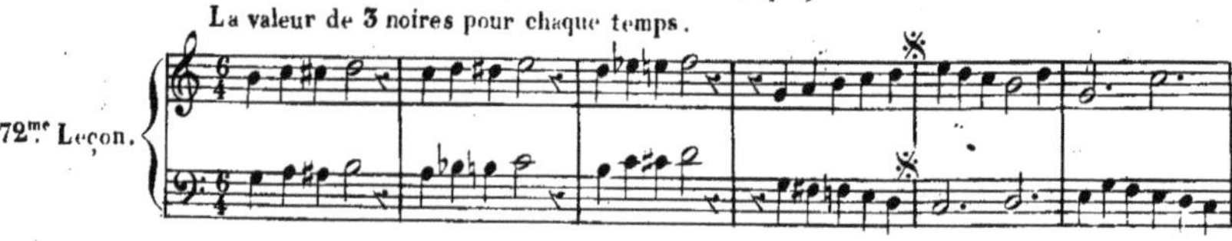

On peut commencer un morceau à toute partie de la mesure; la barre de reprise se place aussi où l'on juge convenable de l'indiquer; conséquemment la barre de reprise ne sert pas toujours de barre de mesure.

Mesure à Trois huit. (mesure simple à 3 temps.)

La valeur d'une Croche pour chaque temps.

73.me Leçon.

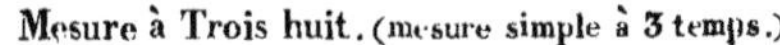

L'indication I.º et 2.º ou I.ª et 2.ª ou Prima volta et Seconda volta, placée audessus de barres de reprises signifie que la première fois que l'on exécute la reprise on la termine par la mesure ou par les mesures renfermées dans la parenthèse I.º ou I.ª ou Prima volta et qu'après la deuxième exécution de cette reprise on saute audessus de cette première parenthèse pour la remplacer par la Seconda.

Le Point d'Orgue est un signe qui se place audessus d'une note et qui lui donne une prolongation arbitraire en abandonnant pour un instant (apprécié par l'oreille) la mesure indiquée.

Le Point d'arrêt est le même signe se plaçant seulement audessus d'un caractère de silence et produisant sur lui le même effet que le Point d'orgue sur la note qu'il domine.

Emploi du I.º du 2.º du Point d'orgue et du Point d'arrêt.

(*) J'engage le Directeur à donner la même durée à tous les temps des differentes mesures qui composent cette leçon.

Mesure composée à Quatre temps.

Mesure à Douze huit, Trois croches pour chaque temps.

Fin de la 4.me Séance.

M.850-I.

5.ᵐᵉ SÉANCE.

Sommaire: Modes - Note sensible - Dièzes à la clef - Bémols à la clef - Exercices dans tous les tons majeurs et mineurs avec des Dièzes à la clef.

On appelle Mode la classification des tons de la gamme. Il y a deux modes : le Mode Majeur et le Mode Mineur. (a)

Les Modes ne peuvent être bien compris que par l'analyse de la gamme :

Gamme majeure, composée de cinq tons et deux demi tons : le premier demi ton de la Tierce à la Quarte, et le second demi ton de la Septième à l'Octave.

Gamme mineure naturelle et relative de la précédente, c'est à dire qu'elle se trouve dans cette autre gamme sans aucune altération de sons, composée également de cinq tons et de deux demi tons : le premier demi ton de la Seconde à la Tierce et le second demi ton de la Quinte à la Sixte. (cette gamme n'est pas usitée.)

On a modifié cette gamme naturelle mineure, pour en faire d'abord : 

gamme en La mineur (relative du ton de Do majeur) composée de 3 tons, de 3 demi tons et d'un ton et demi ; le premier demi ton de la Seconde à la Tierce ; le second de la Quinte à la Sixte et le troisième de la Septième à l'Octave ; le ton et demi de la Sixte à la Septième, formé par l'introduction d'un signe altératif qui hausse la Septième d'un demi ton pour en faire une Note sensible qui ne soit plus distancée de l'octave que d'un demi ton comme dans le mode majeur. Cette gamme est usitée.

La Note sensible, dans le mode majeur comme dans le mode mineur, est donc toujours la 7.ᵐᵉ note de la gamme, et il n'y a jamais dans ces deux modes qu'un demi ton de la 7.ᵐᵉ à l'octave.

Le ton et demi ayant paru tant soit peu choquer l'oreille, une nouvelle gamme mineure s'est introduite, plus irrégulière sans doute, mais peut être plus agréable.

Gamme Mineure moderne.

Cette gamme mineure est composée en montant de cinq tons et de deux demi tons ; le premier demi ton de la Seconde à la Tierce et le second demi ton de la Septième à l'Octave ; en descendant, également de cinq tons et de deux demi tons, mais le premier demi ton de la Sixte à la Quinte et le second demi ton de la Tierce à la Seconde.

En posant (en montant) un dièze à la sixte, on a fait disparaitre le ton et demi et adouci la gamme en le terminant comme la gamme majeure ; en descendant on a retranché l'altération nécessaire pour former la note sensible dans le mode mineur (note sensible qui n'est désirable qu'en montant pour arriver à l'octave) puis on a fait disparaitre l'altération de la Sixte pour rentrer dans la gamme mineure naturelle relative. Cette gamme mineure est plus usitée que la précedente.

(a) Le Mode Majeur s'emploie généralement pour exprimer les chants d'allégresse, de victoire, en un mot tous les sentimens de satisfaction. Le Mode Mineur s'emploie généralement pour exprimer la tristesse, la colère l'inquiétude, et tous les sentimens empreints d'une certaine souffrance. Les deux Modes s'emploient parfaitement pour exprimer la passion, la mélancolie, le genre Pastoral etc. etc. etc.

Il résulte de tout ceci que l'intervalle de la Tierce à la Quarte décide du Mode; la connaissance de l'Accord parfait va rendre cette explication plus claire encore.

On appelle Accord Parfait, la réunion des notes de la gamme qui peuvent se faire entendre en_semble sans avoir besoin ni de préparation ni de résolution.

Accord parfait du ton de **Do** majeur.

Exemple: 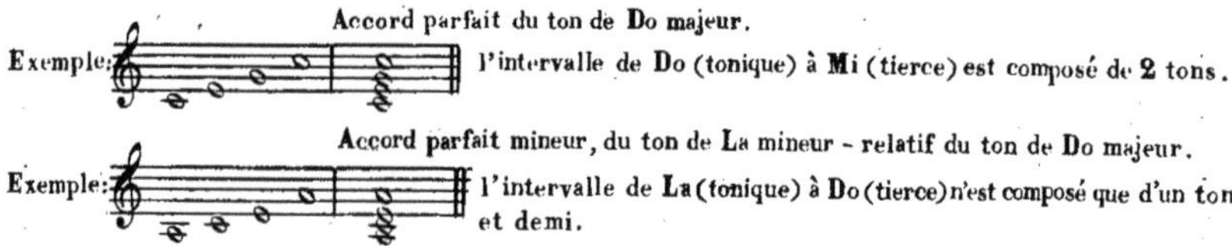 l'intervalle de **Do** (tonique) à **Mi** (tierce) est composé de **2** tons.

Accord parfait mineur, du ton de **La** mineur - relatif du ton de **Do** majeur.

Exemple:  l'intervalle de **La** (tonique) à **Do** (tierce) n'est composé que d'un ton et demi.

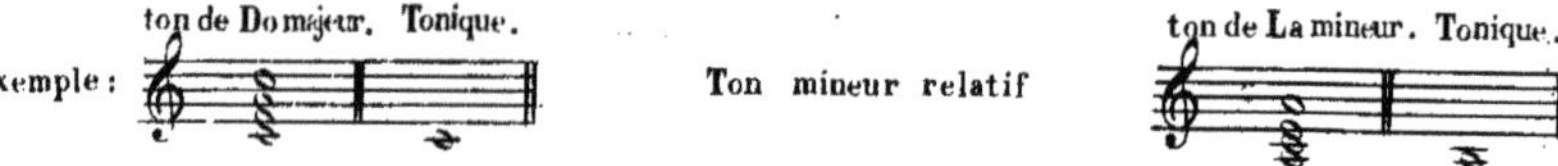 Accord parfait majeur du ton de **Do**. Accord parfait mineur du même ton.

La Tonique d'un ton mineur relatif se trouve toujours un ton et demi (ou une tierce mineure) en dessous de la tonique du ton majeur.

ton de **Do** majeur. Tonique.   ton de **La** mineur. Tonique.

Exemple: 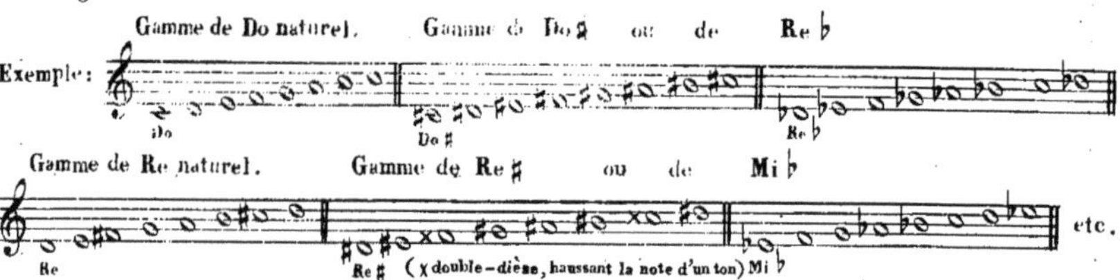 Ton mineur relatif

Chaque son des 12 demi tons composant la gamme, peut devenir Tonique et donner son nom à une gamme.

On voit par ce qui précède que pour exécuter de la musique dans un autre ton qu'en **Do** natu_rel majeur il faut se servir de signes altératifs dont l'emploi, plus ou moins fréquent (selon le ton) rendrait la lecture difficile si on n'avait trouvé le moyen de simplifier la chose en indiquant la tonalité du mor_ceau par les signes altératifs placés immédiatement après la clef en tête de la première Portée ou à chaque changement important de ton.

Quand aucun signe altératif ne se trouve à la clef on est dans le ton de **Do** naturel majeur: ou en **La** naturel mineur (son ton relatif.)

Mais dans lequel des deux? d'abord une oreille délicate saisit parfaitement cette distinction; ensuite en parcourant les premières mesures du morceau on ne tarde pas à rencontrer (si le morceau est dans le ton mineur relatif) la note sensible formée par une altération qui se met devant la note, (puisqu'aucun signe ne se trouve à la clef.) Autre moyen: cherchez la Quinte du ton majeur (qui est naturellement la 7me pour le ton mineur relatif;) si cette quinte est altérée par un signe qui la hausse

d'un demi ton, cette note indique indubitablement le sentiment du ton mineur relatif puisqu'elle en de _
vient la note sensible.

Les signes altératifs ne se posent pas indifféremment à la clef, ils ont un ordre obligé.

Dièzes à la Clef.

Le premier Dièze qui peut se poser à la clef est le Fa les autres se posent de Quinte en Quinte en montant:

Le dernier Dièze à la clef indique toujours la note sensible du ton majeur dans lequel on est, comme la note sensible se trouve toujours être la 7.me note de la gamme et qu'il n'y a jamais qu'un demi ton dans le mode majeur comme dans le mode mineur de la 7.me à l'octave (repetition de la Tonique) il s'en suit donc qu'on est toujours un demi ton plus haut que le dernier Dièze pour le ton majeur ou un ton plus bas pour le ton mineur relatif.

Bémols à la Clef.

Le premier Bémol qui se pose à la clef est le Si les autres se posent de Quarte en Quarte en montant.

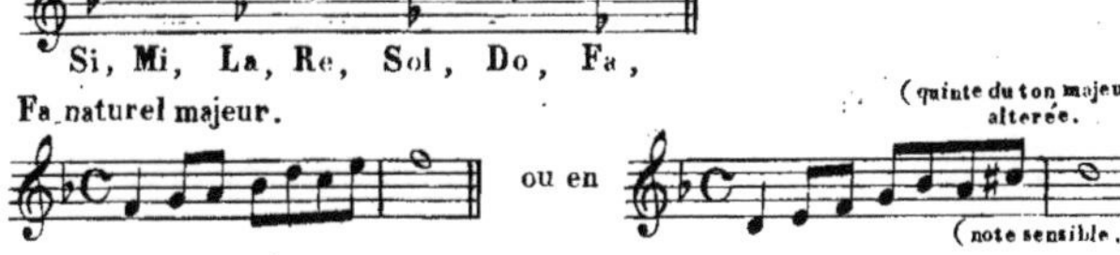

Il est essentiel de bien retenir qu'avec un Bémol à la clef on est dans le ton de Fa naturel ma _ jeur ou dans son ton mineur relatif: Re naturel mineur.

Quand il y a plusieurs Bémols à la clef on est toujours dans le ton de l'avant dernier pour le mode majeur ou deux tons plus haut que le dernier pour le ton mineur relatif.

en Si bémol majeur.
Sol naturel mineur.
Avec deux Bémols.
ou en
(note sensible.)
en Mi bémol majeur.
Do naturel mineur.
Avec trois Bémols.
ou en
(note sensible.)   etc,
en Sol naturel majeur.
76.me Leçon.
en Mi naturel mineur. (ton relatif de la leçon précedente.)
77.me Leçon.
en Re naturel majeur.
78.me Leçon.

en Si naturel mineur.(ton rélatif de la leçon précédente.)
79.me Leçon.
en La naturel majeur.
80.me Leçon.

en Fa ♯ mineur. (ton relatif de la leçon précedente.)
81me Leçon.
en Mi naturel majeur.
82me Leçon.
en Do ♯ mineur. (ton relatif de la leçon précedente.)
83me Leçon.
(Double dièze, haussant la note d'un ton.)

Fin de la 5.me Séance.

6.me SÉANCE.

Sommaire: **Exercices dans tous les tons majeurs et mineurs avec des Bémols à la clef —
Mouvemens - Nuances - Notes d'agrément.**

en Sol naturel mineur. (ton relatif de la leçon précedente.)
89.me Leçon.
en Mi♭ majeur.
90.me Leçon.

en Do naturel mineur. (ton relatif de la leçon précedente.)

91me Leçon.

en La♭ majeur.

92me Leçon.

en Fa naturel mineur. (ton relatif de la leçon précedente.)

93me Leçon.

en Re♭ majeur.
94me Leçon.
en Si♭ mineur. (ton relatif de la leçon précedente.)
95me Leçon.

en Sol ♭ majeur.
96.me Leçon.
en Mi ♭ mineur. (ton relatif de la leçon précdente.)
97.me Leçon.

DES MOUVEMENS.

Le mouvement indique le degré de lenteur ou de vitesse que l'on doit imprimer au morceau que l'on exécute. Cette indication est représentée par un ou plusieurs mots italiens que l'on place d'abord en tête du morceau et ensuite dans le cours de ce morceau quand il y a changement de mouvement.

Mouvemens Principaux.

Progression des mouvens lents :

1º Moderato : modéré.

2º Andantino :

3º Andante :

4º Adagio :

5º Larghetto :

6º Largo :

7º Grave :

de plus en plus lent.

Progression des mouvemens vifs :

1º Moderato : moderé.

2º Tempo di Marcia :

3º Allegretto :

4º Allegro :

5º Vivace :

6º Presto :

7º Prestissimo :

de plus en plus vite.

Qualifications qui s'ajoutent aux Mouvemens Principaux.

Cantabile : bien chantant – mélodieux.

Grazioso : gracieusement.

Religioso : religieusement.

Tempo giusto : mouvement juste et convenable au caractère du morceau.

Ma non troppo : mais pas trop.

Con brio : avec entrain.

Scherzando : en jouant – en badinant.

Agitato : avec agitation.

Con espressione : avec expression.

Più mosso :
Più vivo : } plus animé.
Più animato :

A tempo - Iº tempo : retour à un mouvement indiqué antérieurement.

Doloroso : avec douleur.

Quasi : presque.

Con moto : avec mouvement.

Con anima : avec âme.

Con fuoco : avec feu.

Appassionnato : avec passion.

Molto : beaucoup.

Assai : plus vif que ne l'indique le mot avant celui-ci.

Sostenuto : bien soutenu.

etc. etc.

DES NUANCES.

Les Nuances sont représentées par des mots ou par des Signes qui indiquent le degré de force ou de douceur qu'il faut donner aux sons; moyens par les quels on obtient le caractère et le style dans les quels le compositeur a conçu son œuvre.

Nuances qui n'altèrent pas les Mouvemens:		Nuances qui altèrent plus ou moins les mouvemens.	
Piano - dolce - P:	doux.	Ritardendo - ritard:- rit:	en retardant.
PP:	très doux.	Rallentendo - rall:	en ralentissant.
Pianissimo - PPP:	le plus doux possible.	Ritenuto:	en retenant le mouvement.
Mezzo forte - mezzo F - mF:	demi fort.	Poco a poco animato:	animez peu à peu.
Forte - F:	fort.	Poco a poco rit:	retardez peu à peu
FF:	très fort.	Ad libitum:	à volonté.
Fortissimo - FFF:	le plus fort possible.	A piacere:	à plaisir.
Crescendo - cres:	en augmentant le volume du son.	etc. etc.	
Diminuendo - dim - decres:	en diminuant l'intensité du son.		
cres: dimi:	effet consécutif des deux nuances précédentes.		
Sforzando - rinforzando rinf:- rF: Fz:	en renforçant subitement le son.		
Smorzando - diminuendo smorz: - dimi:	en diminuant subitement le son.		
Morendo:	en mourant.		
Calando:	en caressant.		
Legato:	lié.		
Staccato:	détaché.		
Leggiero:	légèrement.		
Marcato:	accentué.		
etc. etc.			

Je ne donne ici en fait de mouvemens et de nuances que les mots et les signes les plus usités, d'autres noms italiens sont parfois employés par differens compositeurs, mais la traduction en étant facile à saisir je m'abstiens de les écrire; du reste, consulter à cet égard le dictionnaire de musique, le but de cet ouvrage n'exige nullement ce complément d'une importance relative.

Les morceaux contenus dans la seconde Partie servent à l'application des mouvemens et des nuances.

DES NOTES D'AGRÉMENT.

On appelle **Notes d'agrément** des petites notes qui se posent avant les notes essentielles sans participer nullement à la formation numérique de la mesure dans laquelle elles se trouvent; elles servent à faciliter le gout et l'expression; ces petites notes s'exécutent en empruntant leur valeur à la grosse note qui les suit ou à celle qui les précède.

Il y a quatre espèces de Notes d'agrément.
1.° l'Appogiature, 2.° le Grupetto, 3.° le Trille et 4.° le Point d'Orgue.

L'**Appogiature** est une petite note qui se place devant une note principale dans le but de lui donner plus de charme ou plus d'éclat. Il y a deux sortes d'Appogiature:

1.° l'Appogiature que je nommerai Expressive.

2.° l'Appogiature que je nommerai Mordante; elle s'écrit par une petite note **barrée** qui, devant se faire vivement et avec une certaine vigueur ne prend plus sur la grosse note qui la suit qu'une valeur indéfinissable.

L'Appogiature Expressive (quant à la manière d'écrire) semble tendre à disparaitre, et cela parcequ'il est aussi simple de tracer son idée sans y avoir recours; Quant à l'Appogiature Mor_dante elle doit exister toujours ne pouvant être remplacée que par une manière d'écrire souvent très compliquée.

———

Le Grupetto est un groupe de plusieurs petites notes qui, placé avant une note sur laquelle se marque un temps fort prend sa valeur sur cette note et qui, placé après une note sur laquelle se marque un temps fort prend sa valeur sur la note qui le précède.

Exemples.

On peut par abréviation écrire ce second - Exemple de cette manière :

Ce Signe ∞ remplace donc un groupe de Quatre petites notes dont la première est tou_ jours un ton ou un demi ton audessus de la note principale qui précède, la 2.me et la 3.me deux degrés conjoints en descendant formant une tierce majeure ou diminuée, et la 4.me la répétition de la note principale qui précède.

Exemples.

Le **Trille** est la répétition illimitée et alternative de la note écrite avec la note supérieure, effet qui doit s'arrêter où finit la valeur de la note principale indiquée, en se terminant rigoureusement par cette note précédée de sa note inférieure.

Exemples:

Le Trille ne se solfie pas, il se vocalise.

Le **Point d'Orgue** est un composé illimité de notes d'agrément qui s'exécute pendant que la mesure est en suspens, On solfie alors toutes les notes.

Exemple:

Fin de la 1re Partie.

M. 850 - I.

2.me PARTIE.

Exercices progressifs de chant d'ensemble.

✻ ✻ ✻
7.me SÉANCE.

Explication· de la mesure à Quatre temps, de la Ronde, de la Pause, de la liaison, du Forté, du Piano, du Crescendo, du Dimimuendo et du Point d'Orgue.

Explication de la Blanche de la demi-Pause et du Sforzando.

Andante.

(a) Faire copier cette 3.me Partie à la clef de Sol pour les pensionnats de Demoiselles etc.

M.850-2.

Explication de la mesure à 3 Temps, de la Noire, du Soupir et du détaché par les virgules et par les points.

Explication de la mesure à 2 Temps et du Point.

Résumé des Quatre exercices précédens.

Andantino.

8.me SÉANCE.

Explication du Dièze, du Bécarre par rapport au Dièze et de la barre de reprise.

Allegro.

Explication du Bémol et du Bécarre par rapport au bémol.

Tempo giusto.

N.º 7.

Explication de la Syncope.

Moderato.

N.º 8.

Explications de la Croche et du demi Soupir.

Allegro ma non troppo.

N.º 9.

Résumé des Quatre Exercices précédens

Allegro Moderato.

Nº 10.

9ᵐᵉ SÉANCE.

Explication du signe altératif à la clef et de la liaison d'une note à une ou à plusieurs autres notes.

En Sol naturel majeur. Un dièze à la clef.

Adagio sostenuto.

Explication des modes, du point en dessous d'une liaison et du genre diatonique et chromatique.

En Mi naturel mineur, ton relatif du ton précédent. (également un Dièze à la clef.)

Allegretto ma non troppo vivo.

Explication du Contretemps et du Da Capo.

En Fa naturel majeur. Un bémol à la clef.

Moderato.

Nº 13.

Explication de la Ire mesure qui peut commencer a toutes fractions de cette mesure, du Triolet, de la note sensible et de la barre de reprise qui n'est pas en même temps barre de mesure.

En Re naturel mineur, ton relatif du ton précedent . (également un bémol à la clef.)

Andante ma non troppo lento.

Résumé des Quatre Exercices précédens.
Tempo di Marcia.
N.° 15.

M. 850-2.

10.ᵐᵉ SÉANCE. (a)

Prière à 3 Voix.

B. C. FAUCONIER.

N.º 16.

1.ʳᵉ Partie solo. (les deux autres parties comptent 8 mesures.)

1.ʳᵉ Strophe.

2.ᵐᵉ Strophe.

(a) Les numeros 16, 17, 18 et 19 sont quatre petits morceaux composés spécialement pour des voix de femmes ou d'enfans; cependant
ils peuvent être exécutés par des voix d'hommes, Tenors et Basse. (copier dans ce cas la 3.ᵐᵉ partie à la clef de Fa.)

M. 850 - 2.

ECCE QUAM BONUM.
à 3 Voix.

B.C. FAUCONIER.

Nº 17.

_o Mi_se_re_re nos_tri Mi_se_re_re nos_tri Je_su Je_su Mi_tis_si_
_o Mi_se_re_re nos_tri Mi_se_re_re nos_tri Je_su Je_su Mi_tis_si_
_o Mi_se_re_re nos_tri Mi_se_re_re nos_tri Je_su Je_su Mi_tis_si_
_me O Je_su O Je_su dul_ce Je_su O Je_suO Je_su dulce Je_
_me O Je_su O Je_su dul_ce Je_su O Je_su O Je_su dulce Je_
_me O Je_su O Je_su dul_ce Je_su O Je_su O Je_su dulce Je_
_su Mi_serere nostri Je_su mi_tis_sime O Je_su O Je_su O Je_
_su Mi_serere nostri Je_su mi_tis_sime O Je_su O Je_su O Je_
_su Mi_serere nostri Je_su mi_tis_sime O Je_su O Je_su O Je_
_su dul_ce Je_su dul_ce Je_su! dul_ce Je _ _ su!
_su dul_ce Je_su dul_ce Je_su! Je _ _ su!
_su dul_ce Je_su dul_ce Je_su! Je _ _ su!

M. 850 - 2.

BENEDICTION.

Tantum ergo à 3 Voix.

B.C. FAUCONIER.

sen _ su _ um de _ fec _ tu _ i. Praes _ tet fi _ des sup _ ple _
com _ par_sit lau _ da _ ti _ o. Pro _ ce _ den _ ti ab u _

sen _ su _ um de _ fec _ tu _ i. Praes _ tet fi _ des sup _ ple _
com _ par_sit lau _ da _ ti _ o. Pro _ ce _ den _ ti ab u _

sen _ su _ um de _ fec _ tu _ i. Praestet fides
com _ par _ sit lau _ da _ ti _ o. Proce _ denti

_ men _ tum sen _ suum sen _ suum de _ fectu _ i Praes _ tet fi _ des
_ tro _ que com parsit com _ parsit lauda _ ti _ o Pro _ ce _ den _ ti

_ men _ tum sen _ suum sen _ suum de _ fectu _ i Praes _ tet fi _ des
_ tro _ que com _ parsit com _ parsit lauda _ ti _ o Pro _ ce _ den _ ti

supplementum sen _ suum sen _ suum de _ fectu _ i Praestet fides
ab u _ tro _ que com _ parsit. com _ parsit lauda _ ti _ o Proce _ den _ ti

sup _ ple _ men _ tum sen _ su _ um sen _ su _ um de _ fec _ tu _ i.
ab u _ tro _ que com _ parsit com _ parsit lau _ da _ ti _ o.

sup _ ple _ men _ tum sen _ su _ um sen _ su _ um de _ fec _ tu _ i.
ab u _ tro _ que com _ parsit com _ parsit lau _ da _ ti _ o.

supple _ men _ tum sen _ su _ um sen _ su _ um de _ fec _ tu _ i.
ab u _ tro _ que com _ parsit com _ parsit lau _ da _ ti _ o.

JESU SALVATOR.
à 3 Voix.

B.C. FAUCONIER.

IIᵐᵉ SÉANCE.

B. C. FAUCONIER.

Prière à 4 Voix.

A tes genoux E_clai_re nous E_clai_re nous!
_noux E_clai_re nous E_clai_re nous!
A tes genoux E_clai_re nous E_clai_re nous!
A tes genoux Eclaire nous E_clai_re nous!
1er Couplet: Com_me les An_ges, Oui nous vou_lons un jour Cé_
2e Couplet: Sur cet_te ter_re Ou nous t'of_frons nos vœux Sois
1er Couplet: Com_me les An_ges, Oui nous vou_lons un jour Cé_
2e Couplet: Sur cet_te ter_re Ou nous t'of_frons nos vœux Sois
1er Couplet: Com_me les An_ges, Oui nous vou_lons un jour Cé_
2e Couplet: Sur cet_te ter_re Ou nous t'of_frons nos vœux Sois
1er Couplet: Com_me les An_ges, Oui nous vou_lons un
2e Couplet: Sur cet_te ter_re Ou nous t'of_frons nos
_le_brer tes lou_an_ges Dans l'é_ter_nel sé_jour!
pour tous u_ne mè_re Es_poir des mal_heu_reux!
_le_brer tes lou_an_ges Dans l'é_ter_nel sé_jour!
pour tous u_ne mè_re Es_poir des mal_heu_reux!
_le_brer tes lou_an_ges Dans l'é_ter_nel sé_jour!
pour tous u_ne mè_re Es_poir des mal_heu_reux!
jour Cé_le_brer tes lou_an_ges Dans l'é_ter_nel sé_jour!
vœux Sois pour tous u_ne mère Es_poir des mal_heu_reux!

PIE JESU.

B. C. FAUCONIER.

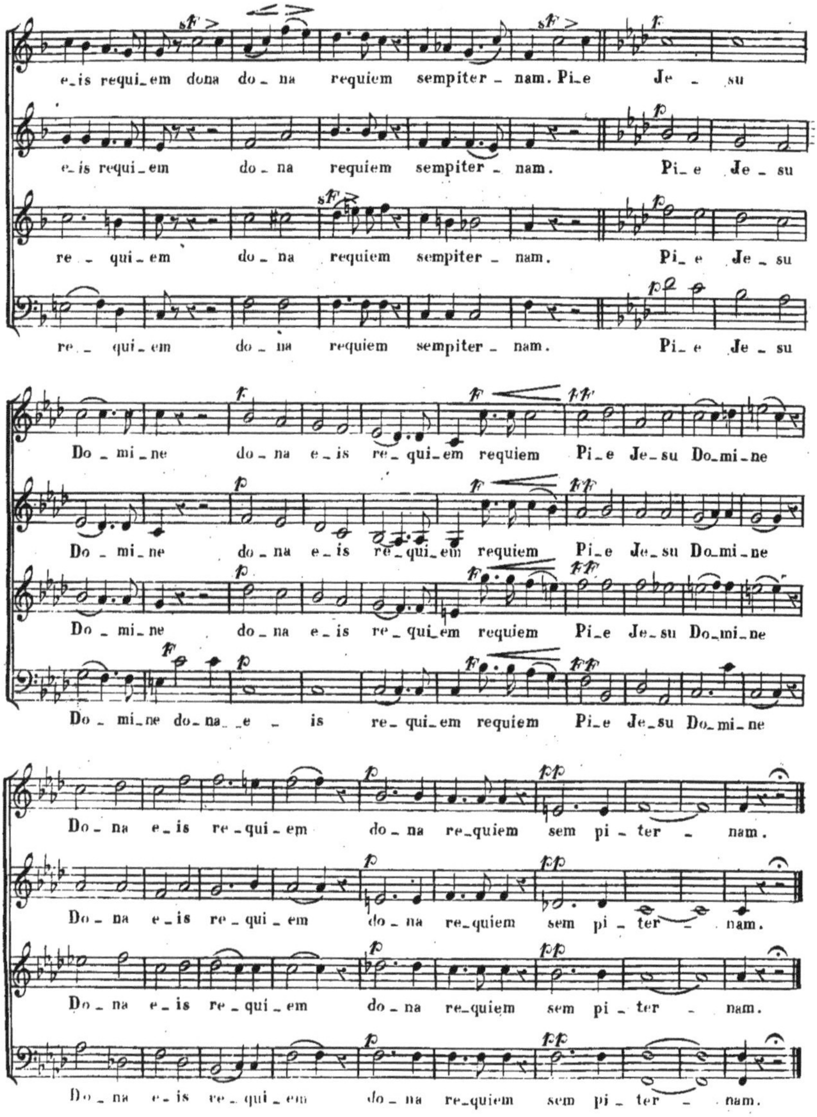
sf sf f
e_is requi_em dona do_na requiem sempiter_nam. Pi_e Je_su
p
e_is requi_em do_na requiem sempiter_nam. Pi_e Je_su
sf p
re_qui_em do_na requiem sempiter_nam. Pi_e Je_su
p
re_qui_em do_na requiem sempiter_nam. Pi_e Je_su
f f ff
Do_mi_ne do_na e_is re_qui_em requiem Pi_e Je_su Do_mi_ne
p f ff
Do_mi_ne do_na e_is re_qui_em requiem Pi_e Je_su Do_mi_ne
p f ff
Do_mi_ne do_na e_is re_qui_em requiem Pi_e Je_su Do_mi_ne
f p f ff
Do_mi_ne do_na_e_is re_qui_em requiem Pi_e Je_su Do_mi_ne
p pp
Do_na e_is re_qui_em do_na re_quiem sem pi_ter_nam.
p pp
Do_na e_is re_qui_em do_na re_quiem sem pi_ter_nam.
p pp
Do_na e_is re_qui_em do_na re_quiem sem pi_ter_nam.
p pp
Do_na e_is re_qui_em do_na re_quiem sem pi_ter_nam.

Deux Soprani, un mezzo Soprano et un Contralto
peuvent exécuter ce morceau, écrire alors les deux
parties de basses à la clef de Sol.

ECCE PANIS.
à 4 Voix.

B.C. FAUCONIER.

Andante sostenuto.

N.º 22.

(Bocca chiusa) un poco ritenuto.
a Tempo.
a
Ec _ ce pa _ nis An _ ge _ lo _ rum factus ci _ bus Vi _ a _
(Bocca chiusa) un poco ritenuto.
a Tempo.
a
Ec _ ce pa _ nis An _ ge _ lo _ rum factus ci _ bus Vi _ a _
(Bocca chiusa) un poco ritenuto.
a Tempo.
a
Ec _ ce pa _ nis An _ ge _ lo _ rum factus ci _ bus Vi _ a _
(Bocca chiusa) un poco ritenuto.
a Tempo.
a
Ec _ ce pa _ nis An _ ge _ lo _ rum factus ci _ bus Vi _ a _
_ to _ rum Ve _ re pa _ nis fi _ li _ o _ rum non mit _ ten _ dus ca _ ni _ bus Ec _ ce
_ to _ rum Ve _ re pa _ nis fi _ li _ o _ rum non mittendus ca _ ni _ bus Ec _ ce
_ to _ rum Ve _ re pa _ nis fi _ li _ o _ rum non mittendus ca _ ni _ bus Ec _ ce
_ to _ rum Ve _ re pa _ nis fi _ li _ o _ rum non mittendus ca _ ni _ bus Ec _ ce
dimin:
pa _ nis An _ ge _ lo rum Ec _ ce pa _ nis An _ ge _ lo _ _ rum.
dimin:
pa _ nis An _ ge _ lo _ rum Ec _ ce pa _ nis An _ ge _ lo _ _ rum.
dimin:
pa _ nis An _ ge _ lo _ rum Ec _ ce pa _ nis An _ ge _ lo _ _ rum.
dimin:
pa _ nis An _ ge _ lo _ rum Ec _ ce pa _ nis An _ ge _ lo _ _ rum.

DOMINE SECUNDUM ACTUM MEUM.

Morceau funèbre à 4 Voix.

B. C. FALCONIER.

Ut te De_us de_le_as i_ni_qui_ta_tem
Ut te De_us de_le_as i_ni_qui_ta_tem
Ut te De_us de_le_as i_ni_qui_ta_tem
Ut te De_us de_le_as i_ni_qui_ta_tem
me_am Am_pli_us Am_pli_us la_va me Do_mi_
me_am Am_pli_us Am_pli_us la_va me la_va Do_mi_
me_am Am_pli_us Am_pli_us la_va me la_va Do_mi_
me_am Am_pli_us Am_pli_us la_va me la_va Do_mi_
Pressez un peu.
_ne ab in_justi_ti_a mea. Do_mi_ne manda me man_da me
_ne Do_mi_ne Do_mi_ne man_da me man_da me
_ne Do_mi_ne et a de_lic_to meo man_da me man_da me
_ne Do_mi_ne Do_mi_ne man_da me manda me manda me

Ut te De _ us de _ le _ as i _ ni _ qui _ ta _ tem
Ut te De _ us de _ le _ as i _ ni _ qui _ ta _ tem
Ut te De _ us de _ le _ as i _ ni _ qui _ ta _ tem
Ut te De _ us de _ le _ as i _ ni _ qui _ ta _ tem
me _ am A _ _ _ _ men A _ _ _ _
me _ am A _ _ _ _ men A _ _
me _ am A _ _ _ _ men A _ _ _
me _ am A _ _ _ _ men A _ men A _ _
_ men A _ men A _ men A _ _ men.
_ men A _ men A _ men A _ _ men.
_ men A _ men A _ men A _ _ men.
_ men A _ men A _ men A _ _ men.

RAPATAPLAN.

B.C. FAUCONIER.

Chœur à 4 Voix d'hommes.

Ire Strophe.

A _ dieu mon pè _ re   A _ dieu ma mè _ re   Ne   pleurez pas
A _ dieu mon pè _ re   A _ dieu ma mè _ re   Ne   pleurez pas
A _ dieu mon pè _ re   A _ dieu ma mè _ re   Ne pleurez pas   Ne pleurez pas
A _ dieu mon pè _ re   A _ dieu ma mè _ re   Ne   pleurez pas
Ne   pleu _ rez pas   Mon cœur es _ pè _ re   Un   sort pros _ pè _ re
Ne   pleu _ rez pas   Mon cœur es _ pè _ re   Un   sort pros _ pè _ re
Ne   pleu _ rez pas   Mon cœur es _ pè _ re   Un   sort pros _ pè _ re
Ne   pleu _ rez pas   Mon cœur es _ pè _ re   Un   sort pros _ pè _ re
Dans   les com _ bats   Dans les combats!   Ra _ pa _ ta _ plan
Dans   les com _ bats   Dans les combats!   Ra _ pa _ ta _ plan
Dans les combats   dans les combats   Dans les combats!   Ra _ pa _ ta _ plan
Dans   les com _ bats   Dans les combats dans les combats! Ra _ ta _ plan

2.ᵐᵉ Strophe.

Si le des_tin qui rè_gle no_tre vi _ e Veut qu'un de nous suc_
Si le des_tin qui rè_gle no_tre vi _ e Veut qu'un de nous suc_
Si le des_tin qui rè_gle no_tre vi _ e Veut qu'un de nous suc_
Si le des_tin qui rè_gle notre vi _ e Veut qu'un de

_combe au champ d'honner Ne pleu_rez pas, Mou_rir pour sa Pa_
_combe au champ d'honneur Ne pleu_rez pas, Mou_rir pour sa Pa_
_combe au champ d'honneur Ne pleu_rez pas, Mou_rir pour sa Pa_
nous suc combe au champ d'honneur Ne pleu_rez pas, Mou_rir pour sa Pa_

_tri _ e Mou_rir ain_si, C'est en_cor du bonheur! Ra_pa_taplan
_tri _ e Mou_rir ain_si, C'est en_cor du bonheur! Ra_pa_taplan
_tri _ e Mou_rir ain_si, C'est en_cor du bonheur! Ra_pa_taplan
_tri _ e Mou_rir ain_si, C'est en_cor du bonheur! c'est encor du bonheur! Ra_taplan

3me Strophe.

Pen_dant l'ab_sen_ce Que l'espé_ran_ce Sou_tien_ne vos cœurs
Pen_dant l'ab_sen_ce Que l'espé_ran_ce Sou_tien_ne vos cœurs
Pen_dant l'ab_sen_ce Que l'espé_ran_ce Sou_tien_ne vos cœurs
Pen_dant l'absen_ce Que l'es_pé_ran_ce Sou_tien_ne vos
Chasse vos douleurs Mais la Pa_tri_e Gémit et cri_e:
Chasse vos douleurs Mais la Pa_tri_e Gémit et cri_e:
Chasse vos douleurs Mais la Pa_tri_e Gémit et cri_e:
cœurs Chas_se vos douleurs Mais la Pa_tri_e Gé_mit et
Guerre aux en_ne_mis De votre Pays! Non, pour eux pas de trè_ve
Guerre aux en_ne_mis De votre Pays! Non, pour eux pas de trè_ve
Guerre aux en_ne_mis De votre Pays! Non, pour eux pas de trè_ve
cri_e: Guerre aux en_nemis De votre Pays! Non, pour eux pas de trè_ve

Pour nous pas de con_gés Si longtemps que le glai _ ve Ne
Pour nous pour nous pas de con_gés Si longtemps que le glai _ ve Ne nous au_
Pour nous pas de con_gés Si longtemps que le glai _ ve Ne
Pour nous pas de con_gés Si longtemps que le glai _ ve Ne
nous au _ ra ven_gés! Ra_pa_taplan Rapa_taplan Pour sauver la pa_tri_e
_ra, ne nous au_ra ven_gés! Ra_pa_taplan Rapa_taplan Pour sauver la pa_tri_e
nous au _ ra ven_gés! Ra_pa_taplan Rapa_taplan Pour sauver la pa_tri_e
nous au _ ra ven_gés! ne nous aura vengés! Rataplan Rapa_taplan Pour sauver la pa_tri_e
Rapa_taplan Rapataplan Pleins d'espoir nous partons! Rapataplan Rapataplan l'Etranger l'a flétri_e
Rapa_taplan Rapataplan Pleins d'espoir nous partons! Rapataplan Rapataplan l'Etranger l'a flétri_e
Rapa_taplan Rapataplan Pleins d'espoir nous partons! Rapataplan Rapataplan l'Etranger l'a flétri_e
Rapa_taplan Rapataplan Pleins d'espoir nous partons! Rapataplan Rapataplan l'Etranger l'a flétri_e

Animato.
Rapataplan Rapataplan Mais nous le chasserons! Pour sauver la Pa_tri _ _ e Pleins d'espoir nous pa
Rapataplan Rapataplan Mais nous le chasserons! Pour sauver la Pa_tri _ e
Rapataplan Rapataplan Mais nous le chasserons! Pour sauver la Pa_tri _ e
Rapataplan Rapataplan Mais nous le chasserons! Pour sauver la Pa_tri _ e
_ tons l'Etranger l'a flétri _ _ _ e Mais nous le chas _ se _
Pleins d'espoir nous partons l'Etranger l'a flétri _ _ e Mais nous le chas _ se _
Pleins d'espoir nous partons l'Etranger l'a flétri _ _ e Mais nous le chas _ se _
Pleins d'espoir nous partons l'Etranger l'a flétri _ _ e Mais mais nous le chasserons mais nous le chasse_
Vivace.
_ rons! Nous le chasserons! Nous le chasserons! Nous le chasserons! Nous le chasserons! Rapa_ taplan pataplan!
_ rons! Nous le chasserons! Nous le chasserons! Nous le chasserons! Nous le chasserons! Rapa_ taplan pataplan!
_ rons! Nous le chasserons! Nous le chasserons! Nous le chasserons! Nous le chasserons! Rapa_ taplan pataplan!
_ rons! Nous le chasserons! Nous le chasserons! Nous le chasserons! Nous le chasserons! Rapa_ taplan pataplan!

LES AMIS DE L'ORDRE ET DU PROGRÈS.

Chœur à 4 Voix d'hommes. (a)   B.C. FAUCONIER.

N.º 25.   Allegro.

I.ᵉʳ Ténor.

2.ᵐᵉ Ténor.

I.ᵉʳᵉ Basse.

2.ᵐᵉ Basse.

(a) Ce chœur peut se chanter en marchant. (Pas redoublé.)

som _ bre Les a _ veugles dans l'ombre Travail _ ler sans suc _ cés La paix et la lu _ miè _ re Gui_
som _ bre Les a _ veugles dans l'ombre Travail _ ler sans suc _ cés La paix et la lu _ miè _ re Gui_
som _ bre Les a _ veugles dans l'ombre Travail _ ler sans suc _ cés La paix et la lu _ miè _ re Gui_
som _ bre Les a _ veugles dans l'ombre Travail _ ler sans suc _ cés La paix et la lu _ miè _ re Gui_
_dent no _ tre ban _ niè _ re Qu'on verra toujours fiè _ re De l'ordre et du pro _ grés!
_dent no _ tre ban _ niè _ re Qu'on verra toujours fiè _ re De l'ordre et du pro _ grés!
_dent no _ tre ban _ niè _ re Qu'on verra toujours fiè _ re De l'ordre et du pro _ grés! De l'ordre et du pro_
_dent no _ tre ban _ niè _ re Qu'on verra toujours fiè _ re De l'ordre et du pro _ grés! De l'ordre et du pro_
Nous sommes les a _ mis De l'ordre et du pro _ grès Nous sommes les a _ mis De
Nous sommes les a _ mis De l'ordre et du pro _ grès Nous sommes les a _ mis De
_ grès! Nous sommes les a _ mis De l'ordre et du pro _ grès Nous sommes les a _ mis De
_ grès! Nous sommes les a _ mis De l'ordre et du pro _ grès Nous sommes les a _ mis De

l'ordre et du progrès! Nous som _ mes les a_mis, Nous sommes les a_mis Nous som _ mes les a_
l'ordre et du progrès! Nous som _ mes les a_mis, Nous sommes les a_mis Nous som _ mes les a_
l'ordre et du progrès! Nous som _ mes les a_mis, Nous sommes les a_mis Nous som _ mes les a_
l'ordre et du progrès! Nous som _ mes les a_mis, Nous sommes les a_mis Nous som _ mes les a_
_mis De l'ordre et du progrès! Nous som _ mes les a_mis, Nous som_mes les a_mis, Nous som_
_mis De l'ordre et du progrès! Nous som _ mes les a_mis, Nous som _ mes les a_mis, Nous som_
_mis De l'ordre et du progrès! Nous som _ mes les a_mis, Nous som_mes les a_mis, Nous som_
_mis De l'ordre et du progrès! Nous som _ mes les a_mis, Nous som_mes les a_mis, Nous som_
_ mes les a_mis, De l'ordre et du pro_grès! Nous sommes les a_mis De l'ordre et du pro_
_ mes les a_mis, De l'ordre et du pro_grès! Nous sommes les a_mis De l'ordre et du pro_
_ mes les a_mis, De l'ordre et du pro_grès! Nous sommes les a_mis De l'ordre et du pro_
_ mes les a_mis, De l'ordre et du pro_grès! Nous sommes les a_mis De l'ordre et du pro_

_grès! Oui! La, la la, la la, la la, la la, la la, la
_grès! Oui! La, la la, la la, la la, la la, la la, la
_grès! Oui! La, la la, la la, la la, la la, la la, la
_grès! Oui! Pleins de con_fi _ an _ _ _
la, la la, la la, la la, la la, la la, la la, la la, la la, la la, la la, la la, la la, la la, la
la, la la, la la, la la, la la, la la, la la, la la, la la, la la, la la, la la, la la, la
la, la la, la la, la la, la la, la la, la la, la la, la la, la la, la la, la la, la la, la
_ ce En un jour plus beau En un jour plus beau Ah! de l'espé_
la, la la, la la, la la, la la, la la, la la, la la, la la, la la, la la, La!
la, la la, la la, la la, la la, la la, la la, la la, la la, la la, La!
la, la la, la la, la la, la la, la la, la la, la la, la la, la la, La!
_ran _ _ ce Gar_dons le flambeau, Gardons le flambeau! La!

DORMEZ VOUS?

B.C. FAUCONIER.

Chœur pour Ténors, Basses et Ténor solo.

Andante non troppo lento.
Là, cet_te mè_re, a_lors que tout som_meil_le Dit à son
La tendre é_pou_se, heu_reuse et sou_ri_an_te Re_pond sou_
Et puis l'on voit sor_tir de ses en_trail_les Un noble es_
fils mé_na_cé du tré_pas Re_po_se toi ta
_dain mais en par_lant tout bas: Va ne crains point d'é_
_saim vou_lant gloire ou tré_pas! Et qui re_pond bra_
Più lento.
mère est là qui vei_le Je ne dors pas! Je ne dors pas!
_veil_ler ton a_man_te.
_vant bouléts, mi_trail_les:
Vivo.
Je ne dors pas!
Vivo.
Je ne dors pas! Je ne dors pas!
Vivo.
Je ne dors pas! Je ne dors pas!
FIN.

LE MOIS DE MARIE !

Chœur pour Ténors et Basses, avec solos de Ténor et de Baryton.

Paroles de Mr. l'Abbé COLLIGNON.   Musique de B.C. FAUCONIER.

ter_re! la ter_re! la ter_re! Et d'un beau ciel la mer nous peint les
ter_re! la ter_re! la ter_re! Et d'un beau ciel la mer nous peint les
ter_re! la ter_re! la ter_re! Et d'un beau ciel la mer nous peint les
ter_re! la ter_re! la ter_re! Et d'un beau ciel la mer nous peint les
feux! Et d'un beau ciel, la mer nous peint les feux! Et d'un beau ciel Et d'un beau
feux! Et d'un beau ciel, la mer nous peint les feux! Et d'un beau ciel
feux!
(Bocca chiusa.)
feux!
ciel la mer nous peint les feux la mer nous peint les feux! la
et d'un beau ciel la mer nous peint les feux la mer nous peint les feux! la
nous peint les feux!
nous peint les feux!

più lento.
a Tempo. cres:
mer nous peint les feux! C'est vo_tre mois, Ma_ri _ e O bon_ne mè _ _
più lento.
a Tempo. cres:
mer nous peint les feux! C'est vo_tre mois, Ma_ri _ e O bon_ne mè _ _
più lento.
a Tempo.
nous peint les feux! C'est vo_tre mois, Ma_ri _ _
più lento.
a Tempo.
nous peint les feux! C'est vo_tre mois, Ma_ri _ _
_re O bonne mè _ _ re O bonne mè _ _ _ re
_re O bonne mè _ _ re O bonne mè _ _ _ re C'est
_ e O bonne mè_re! C'est vo_tre mois!
_ e O bonne mè_re! C'est vo_tre mois!
Allegro ma non troppo vivo.
Solo.
C'est vo_tre mois! C'est vo_tre mois, Ma_rie O bon_ne
vo_tre mois, vo_tre mois!
C'est vo_tre mois, Ma_rie O bon_ne
C'est vo_tre mois, Ma_rie O bon_ne

mè_re mille or_ne_mens, bril_lent sur vos au_tels!
mè_re mille or_ne_mens, brillent sur vos au_tels, sur vos au
mè_re mille or_ne_mens, brillent sur vos au_tels, sur vos au_
Et quand pa_raît l'é_toi_le ma_ti_niè_re A vous dé_ja sont nos
_tels! Et quand paraît l'é_toi_le ma_ti_niè_re A vous dé_ja sont nos
_tels! Et quand pa_raît l'é_toi_le ma_ti_niè_re A vous dé_ja sont nos
chants so_len_nels! A vous dé_ja sont nos chants so_len_nels!
chants so_len_nels! A vous dé_ja sont nos chants so_len_nels!
chants so_len_nels! A vous dé_ja sont nos chants so_len_nels!

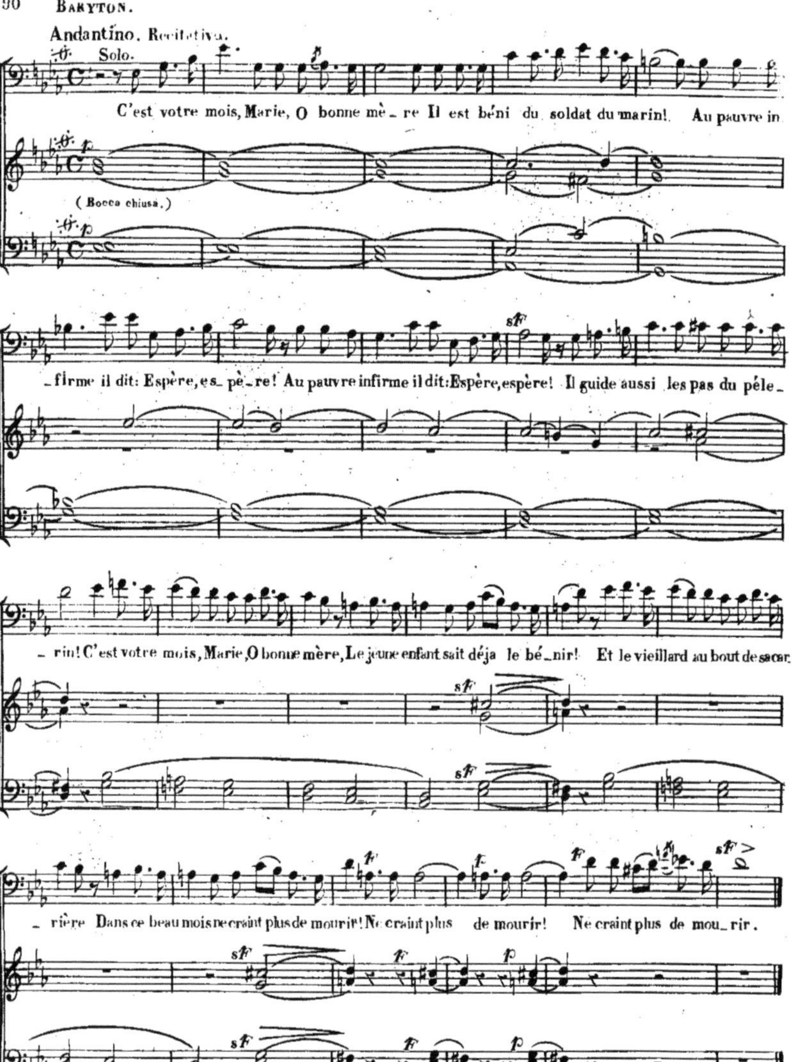
BARYTON.
Andantino. Recitativo.
Solo.
C'est votre mois, Marie, O bonne mè_re Il est béni du soldat du marin! Au pauvre in
(Bocca chiusa.)
firme il dit: Espère, es pè_re! Au pauvre infirme il dit: Espère, espère! Il guide aussi les pas du péle_
_rin! C'est votre mois, Marie, O bonne mère, Le jeune enfant sait déja le bé_nir! Et le vieillard au bout de sa car
_rière Dans ce beau mois ne craint plus de mourir! Ne craint plus de mourir! Ne craint plus de mou_rir.

Andante . 1er Tempo.
C'est vo _ tre mois, Ma _ rie O bon _ ne mè _ re
C'est vo _ tre mois, Ma _ rie O bon _ ne mè _ re
C'est vo _ tre mois, Ma _ rie O bon _ ne mè _ re
C'est vo _ tre mois, Ma _ rie O bon _ ne mè _ re
A l'in _ no _ cen _ ce il don _ ne vos ver _ tus!
A l'in _ no _ cence A l'inno _ cence il don _ ne vos ver _ tus! il donne vos ver_
A l'in _ no _ cen _ ce il don _ ne vos ver _ tus!
A l'in _ no _ cen _ ce il don _ ne vos ver _ tus!
Et le pécheur, et le pécheur, par un re _ tour sin _ cè _ _ _ re
_ tus Et le pé _ cheur, et le pécheur, par un re _ tour sin _ cè _ re
(Bocca _ chiusa.)
Et le pé _ cheur
Et le pé _ cheur

Et le pécheur et le pécheur par un re_tour sin_ce_re sin_
Et le pécheur et le pécheur par un re_tour sin_cè_re sin_
(Bocca chiusa.) par un re_tour sin_cè_re sin_
par un re_tour sin_cè_re sin_
_cè_re sin_cè_re Re_prend sa rou_te au sen_tier des é_
_cè_re sin_cè_re Re_prend sa rou_te au sen_tier des é_
_cè_re sin_cè_re Re_prend sa rou_te au sen_tier des é_
_cè_re sin_cè_re Re_prend sa rou_te au sen_tier des é_
_lus! Reprend sa route au sentier des é_lus! Reprend sa route, reprend sa rou_te
_lus! Reprend sa route au sentier des é_lus! Re_prend sa route, reprend sa route
_lus!
(Bocca chiusa.)
_lus!

Più lento.
Au sentier des é_lus! Au sen_tier des é_lus Au sen_
Au sentier des é_lus! Au sen_tier des é_lus Au sen_
Au sen_tier des é_lus
Au sen_tier des é_lus
a Tempo.
_tier des é_lus! C'est votre mois, Ma_ri_e, O bon_ne mè_re O bonne
_tier des é_lus! C'est votre mois, Ma_ri_e, O bon_ne mè_re O bonne
Più lento. a Tempo.
Au sen_tier des é_lus! C'est vo_tre mois, Ma_ri_e,
Più lento. a Tempo.
Au sen_tier des é_lus! C'est vo_tre mois, Ma_ri_e,
ritard. FIN.
mè_re O bonne mè_re C'est vo_tre mois!
ritard. FIN.
mè_re O bonne mè_re C'est vo_tre mois! vo_tre mois!
FIN.
O bonne mè_re C'est vo_tre mois!
FIN.
ritard.
O bonne mè_re C'est vo_tre mois!

9 782329 342535